Novena
NIÑO DE ATOCHA
Por Victoria Rey

© Calli Casa Editorial, 2012
© Yhacar Trust 2021

Todos los derechos registrados. Prohibida la reproducción total o parcial de esta obra en todo su contenido: texto, dibujos, ideas e ilustraciones de portada, sin autorización por escrito.

www.solonovenas.com
#2500-625

UN POCO DE HISTORIA

La leyenda del Niño de Atocha surgió en Atocha, un suburbio de Madrid, España, alrededor del siglo 15. En aquel entonces muchos hombres habían caído prisioneros debido la fe que profesaban. Los carceleros no los alimentaban y solamente permitían que los niños llevaran comida a sus padres, tíos o abuelos. Aquellos prisioneros que no tenían hijos, nietos o sobrinos, se veían amenazados con morir de hambre. De repente pasó algo extraño. Un pequeño niño que cargaba una canasta de comida y un cántaro de agua que nunca se vaciaban, empezó a visitar a los prisioneros que no tenían niños propios quién los alimentara. El Niño Milagroso llegaba al ponerse el sol, saludaba a los guardias y repartía comida. La estatua del niño estaba en los brazos de la Virgen de Atocha, dentro de la Iglesia de Santa Leocadia, en Toledo.

Con asombro los parroquianos ponían zapatos nuevos al niño y al día siguiente los encontraban desgastados. El Niño Hacedor de Milagros salvó muchas vidas. Cuando le rece al Niño de Atocha. Haga su petición con fe, que el Niño de Atocha Le liberará de cualquier esclavitud. Si usted está prisionero en cualquier tipo de cárcel. El es especialmente bueno para quienes están prisioneros de rencores, adicciones, co-dependencias y otros tipos de prisión mental o espiritual.

MILAGRO

Un agricultor tenía un trigal inmenso. No tenía trabajadores para cortar el trigo? Si no lo hacía a tiempo se le echaría a perder. Mirando al cielo suplicó a Dios que lo ayudara. De la nada apareció un niño hermoso y le preguntó qué le pasaba, el hombre le explicó. El niño le dijo que

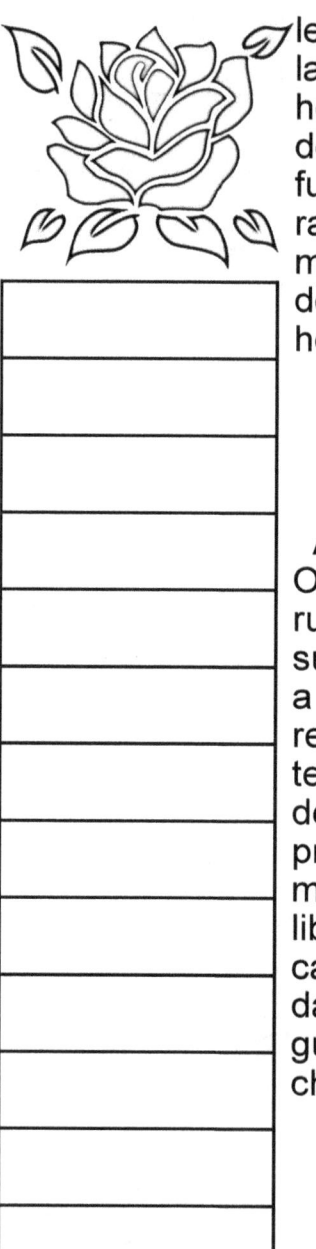

le diera tres espigas, "toma las que quieras" dijo el hombre, "sólo tres pero son de oro". Después le dijo que fuera a dormir y descansara, él no quería pero estaba muy cansado y lo hizo, al despertar el trabajo estaba hecho.

ORACIÓN DIARIA

A vuestra querida Madre pongo por intercesora. Oye, Niñito de Atocha, mis ruegos en esta hora, da consuelo a mi aflicción, atiende a mi petición y dame una resolución, con pasión yo te lo pido. Oh Divino Niño de Atocha, sé siempre mi protector y guía, mira hacia mí con cariño. Concédeme libertad y que a lo largo del camino, sea siempre tu verdad quien me ilumine y me guíe Santo Niñito de Atocha.

HAGA SU PETICIÓN

Aquí estoy hincado a tus pies.
Con la luz de tus quinqués que no tienen comparación
alumbra a este humilde feligrés
que viene a hacerte esta petición.
Te ruego con todo mi corazón me concedas... (se hace la petición)
Esto es un asunto de interés te suplico tu atención me des. Concédeme lo que te pido en esta ocasión y con tu divina protección me ayudes, para que seas tú siempre mi salvación.

Padre Nuestro, que estás en el cielo, santificado sea tu nombre; venga a nosotros tu reino; hágase tu voluntad, en la tierra como en el cielo. Danos hoy nuestro pan de cada día; perdona nuestras ofensas, como también nosotros perdonamos a los que nos

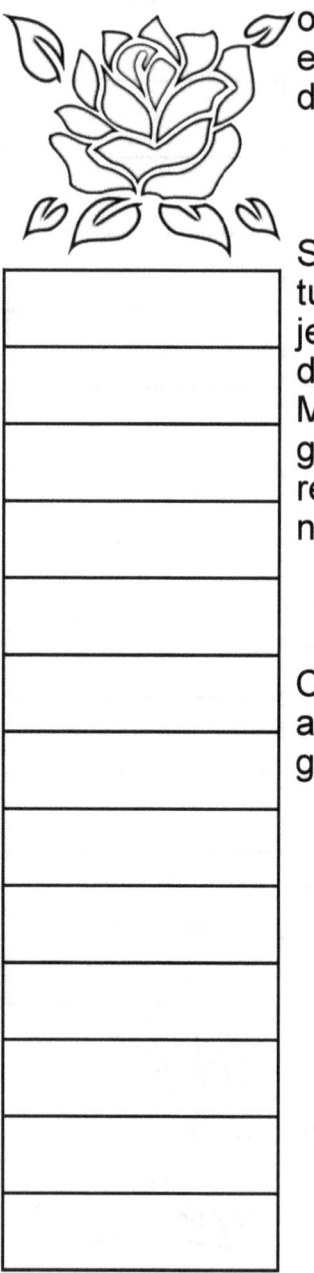

ofenden; no nos dejes caer en la tentación, y líbranos del mal. Amén.

Dios te salve, María, llena eres de gracia, el Señor es contigo. Bendita tú eres entre todas las mujeres, y bendito es el fruto de tu vientre: Jesús. Santa María, Madre de Dios, ruega por nosotros, pecadores, ahora y en la hora de nuestra muerte. Amén.

Gloria al Padre, al Hijo y al Espíritu Santo. Como era en el principio, ahora y siempre, por los siglos de los siglos. Amén.

PRIMER DÍA

Niñito de Atocha, tú tan poderoso; Niñito Prodigioso que mis aflicciones, Niñito Divino: Me las vuelvas gozo. Niñito Amoroso, tú estás en mi rezo. Postrado te pido, libertad y reposo. En cuanto amanezca, Niñito querido, dirijo a ti mis oraciones y con amor te digo: atiende mi ruego. Dame hoy la dicha de que me visites trayendo consuelo a esta alma en pena. Libérame de esta cárcel que me tiene preso/a déjame ver la luz de tu halo divino guiando mi vida por mejores caminos. Niñito de mi Alma no me desampares.

Padre Nuestro, que estás en el cielo, santificado sea tu nombre; venga a nosotros tu reino; hágase tu voluntad, en la tierra como en el cielo. Danos hoy nuestro pan de cada día; perdona nuestras ofensas, como también nosotros

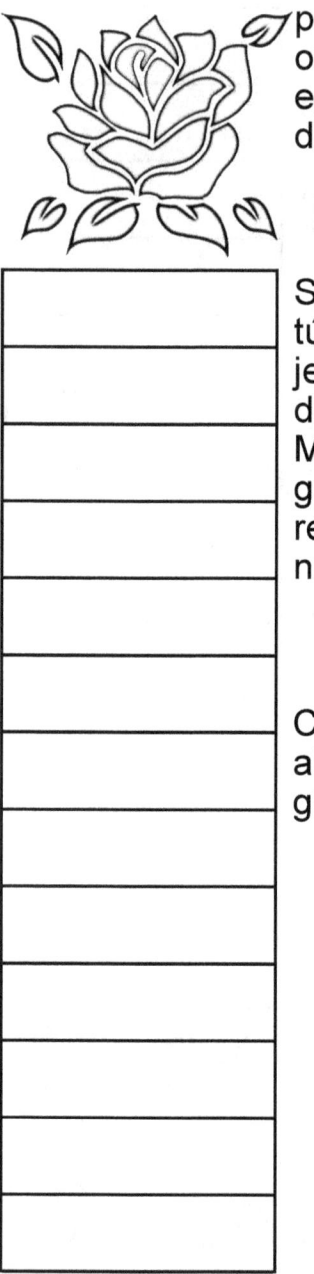

perdonamos a los que nos ofenden; no nos dejes caer en la tentación, y líbranos del mal. Amén.

Dios te salve, María, llena eres de gracia, el Señor es contigo. Bendita tú eres entre todas las mujeres, y bendito es el fruto de tu vientre: Jesús. Santa María, Madre de Dios, ruega por nosotros, pecadores, ahora y en la hora de nuestra muerte. Amén.

Gloria al Padre, al Hijo y al Espíritu Santo. Como era en el principio, ahora y siempre, por los siglos de los siglos. Amén.

SEGUNDO DÍA

Niñito de Atocha, en este bello día, Hijo de María, tú que todo puedes; reluciente antorcha, tú que siempre eres, nuestro amparo y guía, encanto querido, acepta esta súplica, y tráeme alegría. Hacedor de Milagros, Niñito Santo de Atocha, libérame de esta prisión que me tiene atrapado. Rompe cadenas y ataduras, Niño de mi Corazón. Yo sé que tú puedes hacerlo y que liberarás mi dolor. No quiero estar prisionero, Niñito, Niñito, escúchame por favor. Sé que no me fallarás. Amén.

Padre Nuestro, que estás en el cielo, santificado sea tu nombre; venga a nosotros tu reino; hágase tu voluntad, en la tierra como en el cielo. Danos hoy nuestro pan de cada día; perdona nuestras ofensas, como también nosotros perdonamos a los que nos ofenden; no nos dejes caer

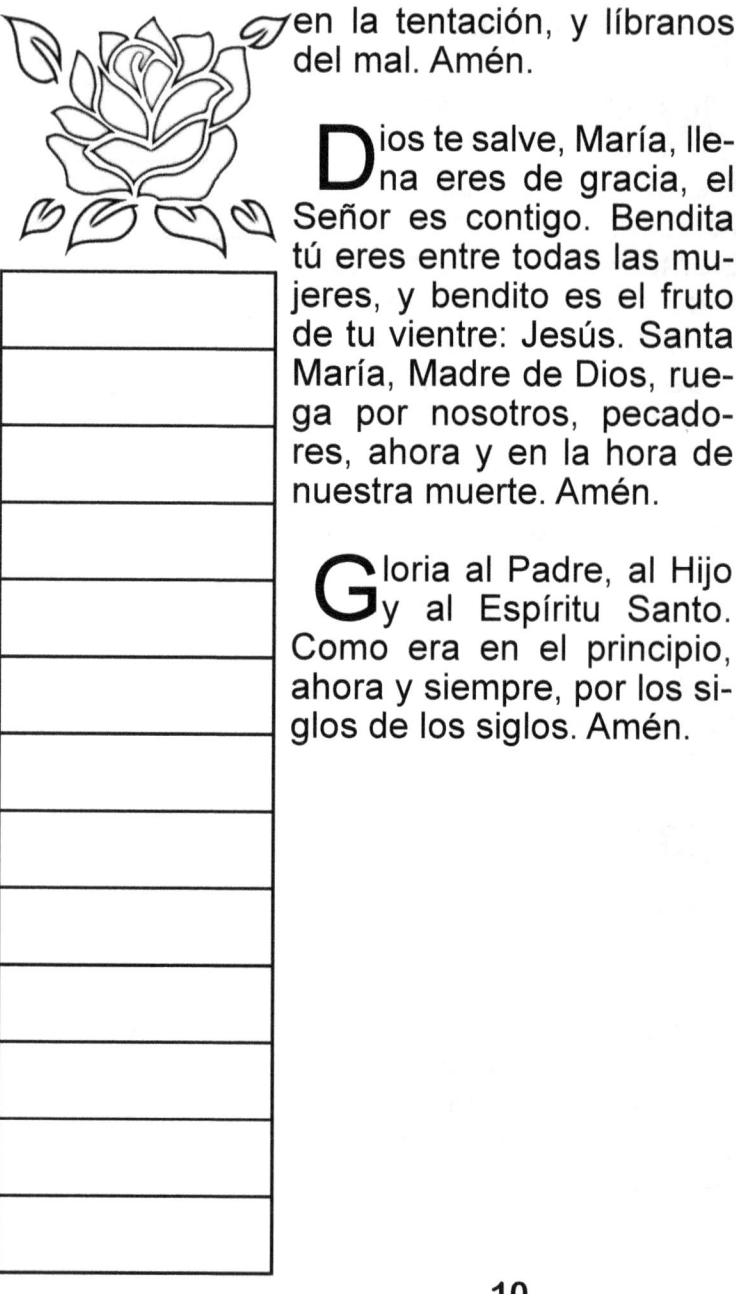

en la tentación, y líbranos del mal. Amén.

Dios te salve, María, llena eres de gracia, el Señor es contigo. Bendita tú eres entre todas las mujeres, y bendito es el fruto de tu vientre: Jesús. Santa María, Madre de Dios, ruega por nosotros, pecadores, ahora y en la hora de nuestra muerte. Amén.

Gloria al Padre, al Hijo y al Espíritu Santo. Como era en el principio, ahora y siempre, por los siglos de los siglos. Amén.

TERCER DÍA

Aunque grilletes hubiere, en cualquier momento, quien hace pedimento, tu lo sacas como fuere. Aquél que con aflicción, te pide un milagrito, pronto ve resultado, Santo de Atocha Niñito. Hoy te pido mi Niño que acudas a socorrerme. Mira que mis cadenas sólo tu puedes romperlas. No me desampares Niño, que necesito estar libre, tu sabes bien que no tengo a nadie que me ayude como tú. Ya me cansé de estar preso, libérame por favor. Niño, Niñito de Atocha, Niñito de mi Corazón. Te pido que (haga su petición).

Padre Nuestro, que estás en el cielo, santificado sea tu nombre; venga a nosotros tu reino; hágase tu voluntad, en la tierra como en el cielo. Danos hoy nuestro pan de cada día; perdona nuestras ofensas,

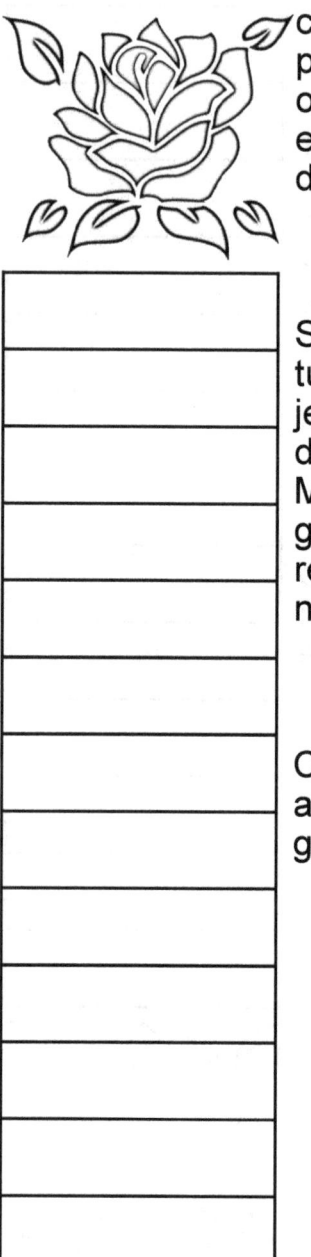

como también nosotros perdonamos a los que nos ofenden; no nos dejes caer en la tentación, y líbranos del mal. Amén.

Dios te salve, María, llena eres de gracia, el Señor es contigo. Bendita tú eres entre todas las mujeres, y bendito es el fruto de tu vientre: Jesús. Santa María, Madre de Dios, ruega por nosotros, pecadores, ahora y en la hora de nuestra muerte. Amén.

Gloria al Padre, al Hijo y al Espíritu Santo. Como era en el principio, ahora y siempre, por los siglos de los siglos. Amén.

CUARTO DÍA

Del atribulado, raudal de portentos eres, niño Amado, pues el que te invoca, oyendo benigno, no es desamparado, Niñito adorado, acudes al punto, vos sois el consuelo, con amor y agrado. Hoy te pido, mi Niño, que abras las puertas y me muestres el camino. Yo sé que con tu ayuda, yo podré encontrar, la forma de salir hacia mi libertad. Abre mis alas, mi Niño, enséñame a volar, quiero disfrutar de paz y en mi alma, de consuelo. Sólo tú puedes lograrlo, Santo Niñito de Atocha.

Padre Nuestro, que estás en el cielo, santificado sea tu nombre; venga a nosotros tu reino; hágase tu voluntad, en la tierra como en el cielo. Danos hoy nuestro pan de cada día; perdona nuestras ofensas, como también nosotros perdonamos a los que nos

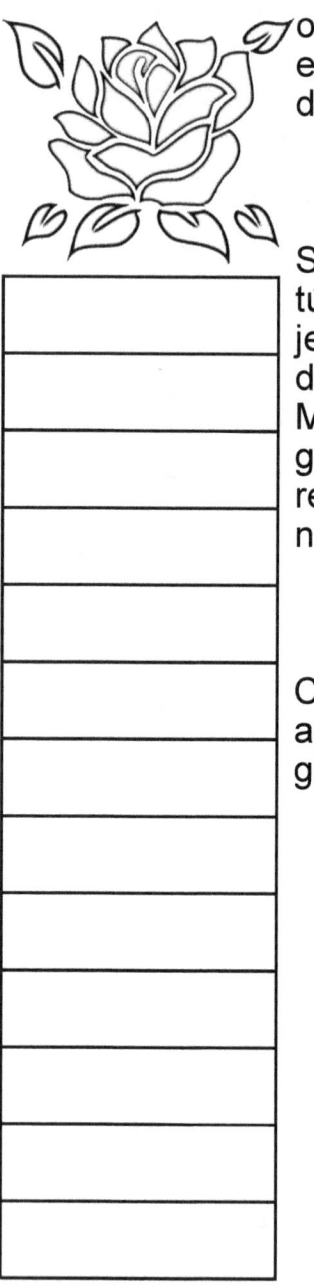

ofenden; no nos dejes caer en la tentación, y líbranos del mal. Amén.

Dios te salve, María, llena eres de gracia, el Señor es contigo. Bendita tú eres entre todas las mujeres, y bendito es el fruto de tu vientre: Jesús. Santa María, Madre de Dios, ruega por nosotros, pecadores, ahora y en la hora de nuestra muerte. Amén.

Gloria al Padre, al Hijo y al Espíritu Santo. Como era en el principio, ahora y siempre, por los siglos de los siglos. Amén.

QUINTO DÍA

En ti confiado, por la intercesión, con fe y devoción, de tu amada Madre, postrado te ruego, en esta ocasión, que tu protección no nos falte nunca y logre lo que te pido es mi petición. Niñito que cargas pan y comida y alimentas almas con tu gran bondad. Ven a mí este día, escucha mi ruego, Niñito querido. Quiero ver mi vida libre de toda carga. Niño, mi querido Niñito, con tu ternura yo puedo ser libre, y si me acompañas, puedo también mantenerme libre. No me dejes Niño, te lo pido yo.

Padre Nuestro, que estás en el cielo, santificado sea tu nombre; venga a nosotros tu reino; hágase tu voluntad, en la tierra como en el cielo. Danos hoy nuestro pan de cada día; perdona nuestras ofensas, como también nosotros

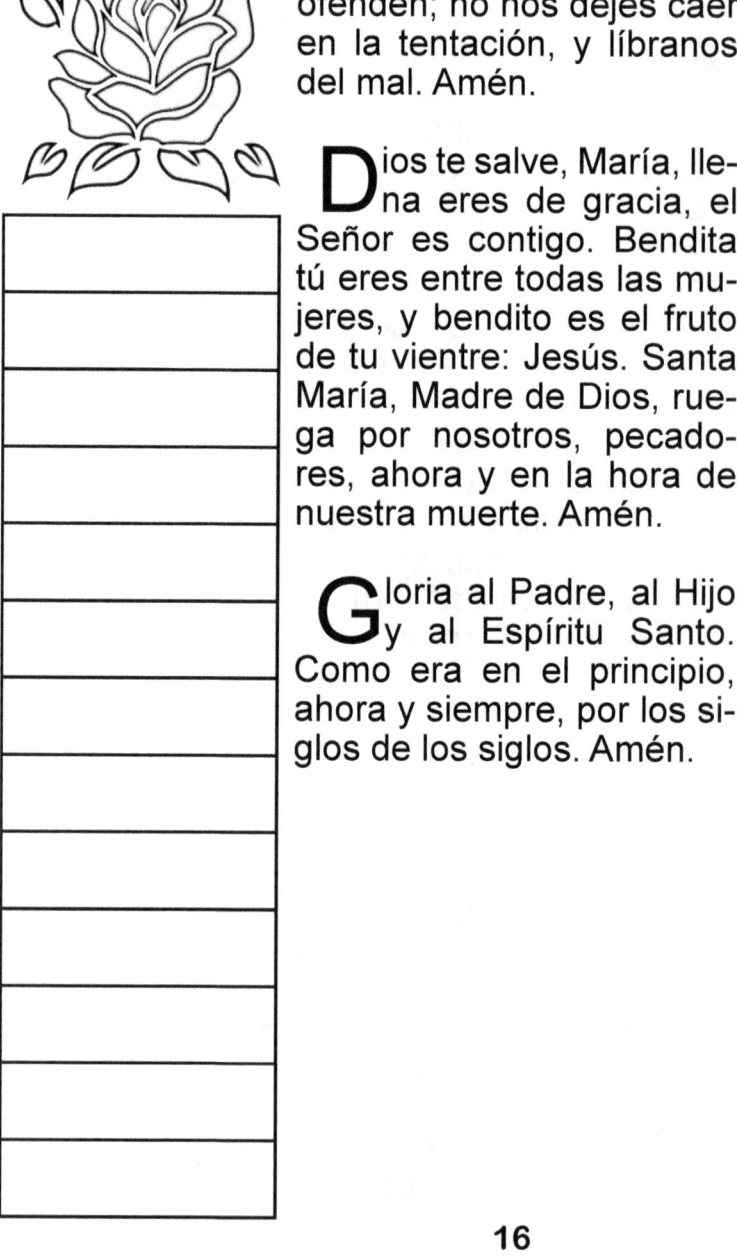

perdonamos a los que nos ofenden; no nos dejes caer en la tentación, y líbranos del mal. Amén.

Dios te salve, María, llena eres de gracia, el Señor es contigo. Bendita tú eres entre todas las mujeres, y bendito es el fruto de tu vientre: Jesús. Santa María, Madre de Dios, ruega por nosotros, pecadores, ahora y en la hora de nuestra muerte. Amén.

Gloria al Padre, al Hijo y al Espíritu Santo. Como era en el principio, ahora y siempre, por los siglos de los siglos. Amén.

SEXTO DÍA

Médico divino, que das la salud, tienes gran virtud según testimonio, en aliviar el mal con exactitud. Despacha hoy benigno, mi solicitud. Niñito de Atocha, yo te saludo y alabo. Hoy te ofrezco tres Padres Nuestros y Aves Marías. Gloria al Padre, mi Niño, que me has escuchado y que mi libertad ya me la has mandado. Yo seré paciente hasta ver este milagro manifestado. Sé que tu nunca dejarás olvidado a aquel que te reza con fe y devoción. Niñito lindo de Atocha, gracias por tu protección.

Padre Nuestro, que estás en el cielo, santificado sea tu nombre; venga a nosotros tu reino; hágase tu voluntad, en la tierra como en el cielo. Danos hoy nuestro pan de cada día; perdona nuestras ofensas, como también nosotros perdonamos a los que nos

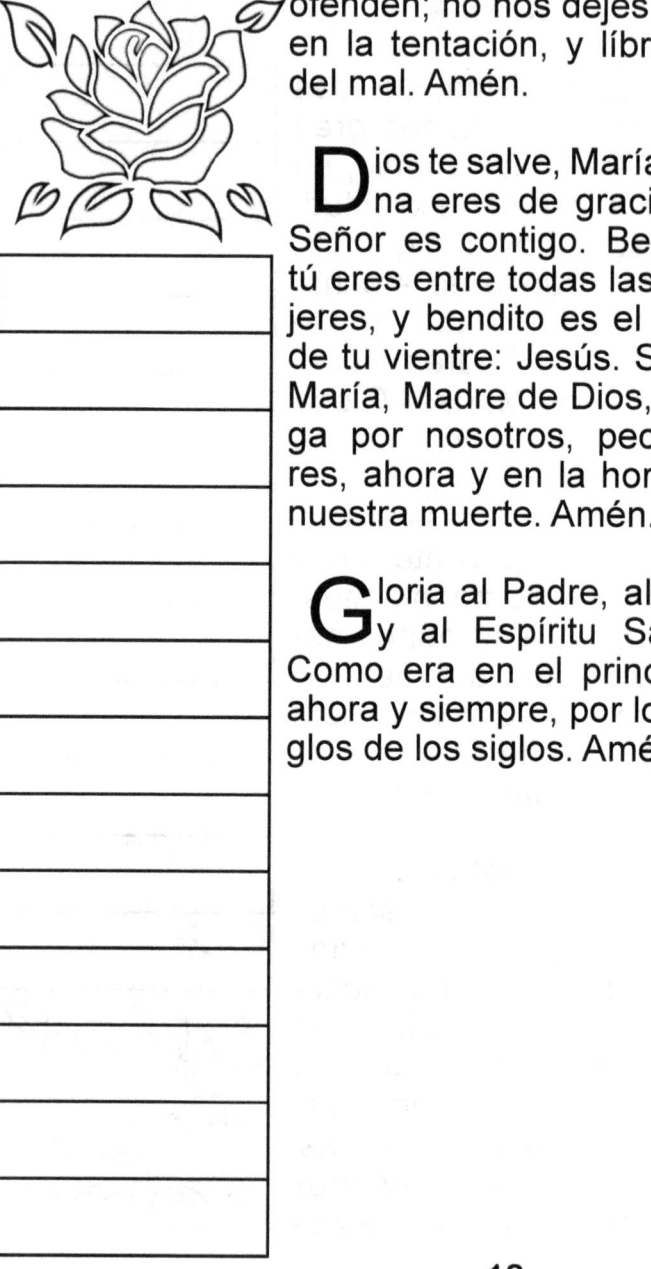

ofenden; no nos dejes caer en la tentación, y líbranos del mal. Amén.

Dios te salve, María, llena eres de gracia, el Señor es contigo. Bendita tú eres entre todas las mujeres, y bendito es el fruto de tu vientre: Jesús. Santa María, Madre de Dios, ruega por nosotros, pecadores, ahora y en la hora de nuestra muerte. Amén.

Gloria al Padre, al Hijo y al Espíritu Santo. Como era en el principio, ahora y siempre, por los siglos de los siglos. Amén.

SÉPTIMO DÍA

Al preso, al enfermo, Niñito a mi ver, lo amparas y asistes, con tu gran poder. A ninguno dejas solo padecer. Tú al preso das libertad y ser... Y al enfermo regresas su salud cabal. Mi Niño de Atocha, yo te saludo y te adoro. Hoy te entrego todos mis afanes. Sé que tú respondes siempre con bondades. Niño lindo de Atocha que calmas los males, tráeme lo que te pido, libertad, salud, paz, prosperidad y lo que a bien tuvieres. En ti confío que no me dejarás. Gracias por escucharme. Sé que siempre lo harás.

Padre Nuestro, que estás en el cielo, santificado sea tu nombre; venga a nosotros tu reino; hágase tu voluntad, en la tierra como en el cielo. Danos hoy nuestro pan de cada día; perdona nuestras ofensas, como también nosotros

perdonamos a los que nos ofenden; no nos dejes caer en la tentación, y líbranos del mal. Amén.

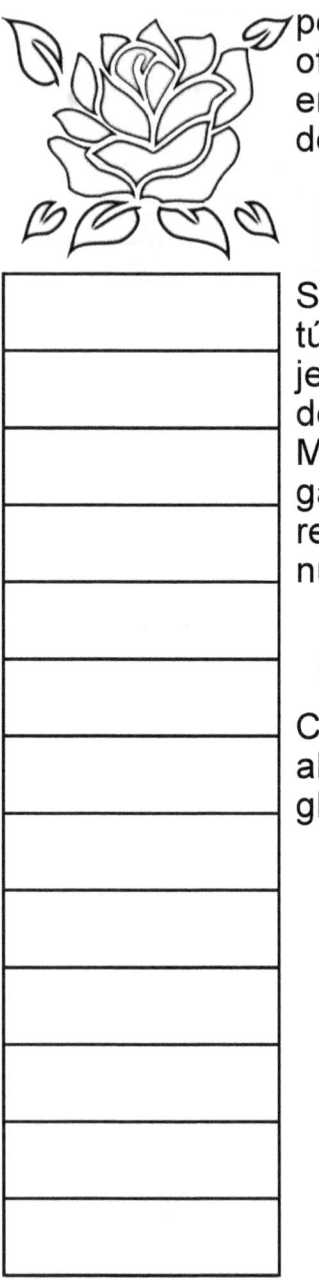

Dios te salve, María, llena eres de gracia, el Señor es contigo. Bendita tú eres entre todas las mujeres, y bendito es el fruto de tu vientre: Jesús. Santa María, Madre de Dios, ruega por nosotros, pecadores, ahora y en la hora de nuestra muerte. Amén.

Gloria al Padre, al Hijo y al Espíritu Santo. Como era en el principio, ahora y siempre, por los siglos de los siglos. Amén.

OCTAVO DÍA

Diversos portentos, Niñito querido, haces diariamente, al que está afligido. Yo a la vez te ruego, me sea concedido, lo que solicito, con deseo crecido, concédeme el favor, que este día te pido. Niño querido cada día que te rezo, mi corazón se calma y se calma, yo te agradezco eso. Quiero decirte que mi fe en ti, es tan grande, Niño, que duermo en las noches tranquilo y confiado que tú me has oído y que lo que te pido me has concedido. Gracias, Niño Santo. Quédate conmigo.

Padre Nuestro, que estás en el cielo, santificado sea tu nombre; venga a nosotros tu reino; hágase tu voluntad, en la tierra como en el cielo. Danos hoy nuestro pan de cada día; perdona nuestras ofensas, como también nosotros perdonamos a los que nos

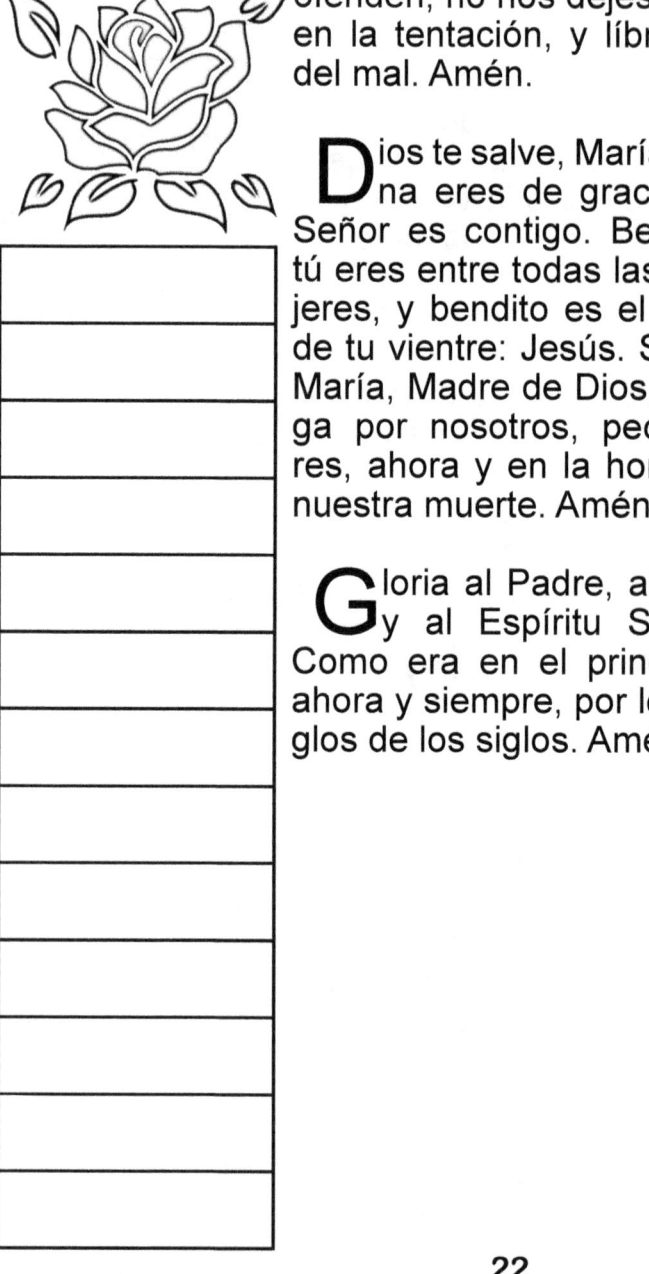

ofenden; no nos dejes caer en la tentación, y líbranos del mal. Amén.

Dios te salve, María, llena eres de gracia, el Señor es contigo. Bendita tú eres entre todas las mujeres, y bendito es el fruto de tu vientre: Jesús. Santa María, Madre de Dios, ruega por nosotros, pecadores, ahora y en la hora de nuestra muerte. Amén.

Gloria al Padre, al Hijo y al Espíritu Santo. Como era en el principio, ahora y siempre, por los siglos de los siglos. Amén.

NOVENO DÍA

Oh Niño de Atocha: suma Majestad, remedia Niñito, mi necesidad. Querido Niñito, este es el día nueve de este novenario. Ya siento ligera la carga que traje, sé que tú has escuchado mi rezo calmado. Mira Niño lindo, lo que haces tú, en mi corazón está la certeza de que me has oído y que pronto Niño, ya no seré presa de ninguna pena. Bendito mi Niño por traerme alivio. Bendito seas siempre por darme salud, libertad, consuelo y prosperidad. Gracias Niño de Atocha. Gracias, gracias mil.

Padre Nuestro, que estás en el cielo, santificado sea tu nombre; venga a nosotros tu reino; hágase tu voluntad, en la tierra como en el cielo. Danos hoy nuestro pan de cada día; perdona nuestras ofensas, como también nosotros

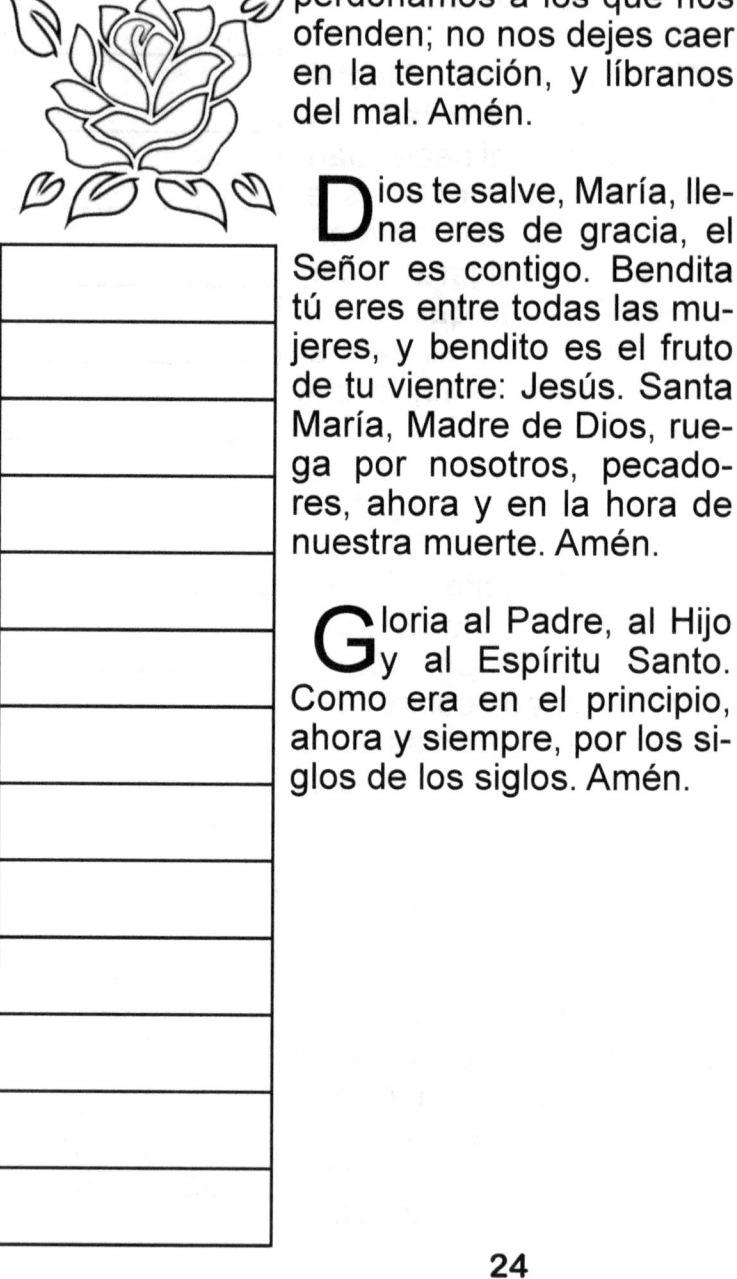

perdonamos a los que nos ofenden; no nos dejes caer en la tentación, y líbranos del mal. Amén.

Dios te salve, María, llena eres de gracia, el Señor es contigo. Bendita tú eres entre todas las mujeres, y bendito es el fruto de tu vientre: Jesús. Santa María, Madre de Dios, ruega por nosotros, pecadores, ahora y en la hora de nuestra muerte. Amén.

Gloria al Padre, al Hijo y al Espíritu Santo. Como era en el principio, ahora y siempre, por los siglos de los siglos. Amén.

ORACIÓN FINAL

Niñito de Atocha, Hijo de María, reluciente antorcha, nuestro amparo y guía. Divino Jesús, este dulce nombre, con tu eterna luz, ilumina el orbe. Niñito prodigioso, que caminas presuroso a amparar piadoso a los que en ti creemos. Venid compatriotas, venid forasteros y al Niño de Atocha, gracias tributemos. Bienvenido seas, Niño con tu celo, bienvenido seas, a darnos consuelo. Agraciado Niño, que riéndote estás, mostrando cariño, a la cristiandad. Al que triste hayas, con tribulaciones, si tu auxilio aclama, pronto le socorres. Médico divino, tierno relicario, sólo a verte Niño, van a tu santuario. Cuántos impedidos, entran de rodillas, son fieles testigos, de tus maravillas. Los presos humildes te hacen petición y luego son libres de dura prisión. A los ignorantes los alumbras

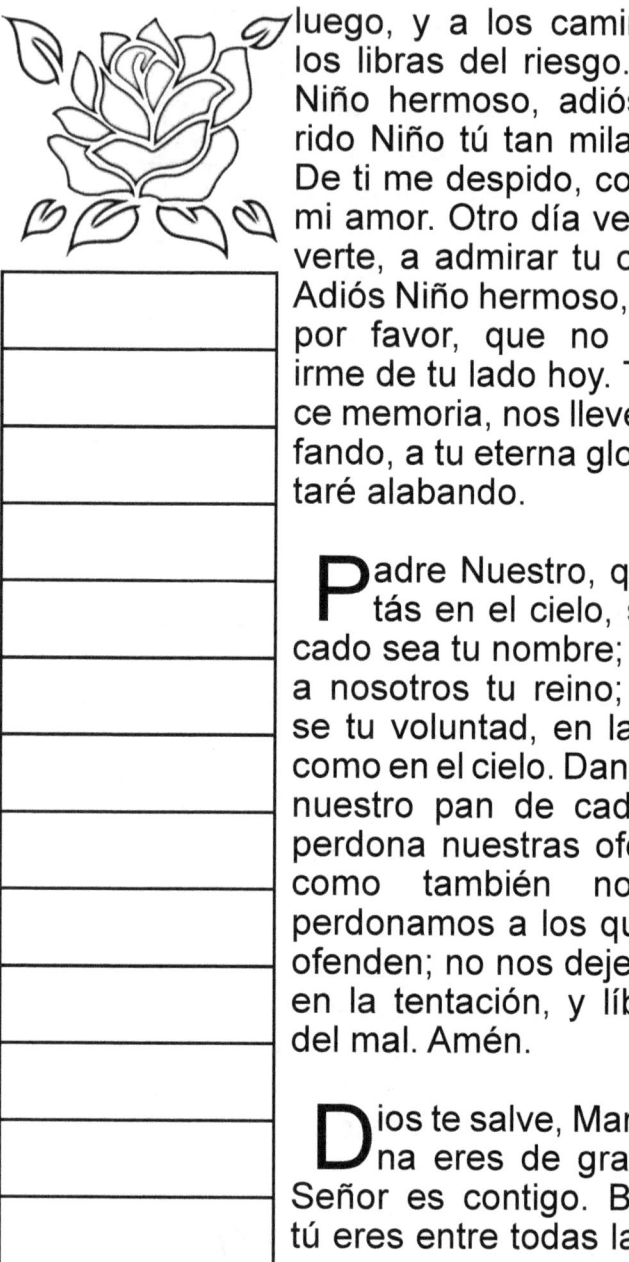

luego, y a los caminantes los libras del riesgo. Adiós Niño hermoso, adiós querido Niño tú tan milagroso. De ti me despido, con todo mi amor. Otro día vendré a verte, a admirar tu candor. Adiós Niño hermoso, adiós, por favor, que no quiero irme de tu lado hoy. Tu dulce memoria, nos lleve triunfando, a tu eterna gloria estaré alabando.

Padre Nuestro, que estás en el cielo, santificado sea tu nombre; venga a nosotros tu reino; hágase tu voluntad, en la tierra como en el cielo. Danos hoy nuestro pan de cada día; perdona nuestras ofensas, como también nosotros perdonamos a los que nos ofenden; no nos dejes caer en la tentación, y líbranos del mal. Amén.

Dios te salve, María, llena eres de gracia, el Señor es contigo. Bendita tú eres entre todas las mujeres, y bendito es el fruto de tu vientre: Jesús. Santa María, Madre de Dios, ruega por nosotros, pecadores, ahora y en la hora de nuestra muerte. Amén.

Gloria al Padre, al Hijo y al Espíritu Santo. Como era en el principio, ahora y siempre, por los siglos de los siglos. Amén.

Papá Dios: que tu sabiduría nos guíe; que tu luz ilumine nuestro camino; que tu amor nos de paz; que tu poder nos proteja, y que por donde quiera que caminemos, tu presencia nos acompañe. Gracias Papá Dios que ya nos oíste. Amén.

www.ingramcontent.com/pod-product-compliance
Lightning Source LLC
Chambersburg PA
CBHW070634150426
42811CB00050B/301